HISTOIRE

DE LA

VILLE D'ORNANS

PAR

PAULIN TESTE

IMP. A. PANVERT, 7 ET 9, RUE DES FOSSÉS-SAINT-JACQUES

1907

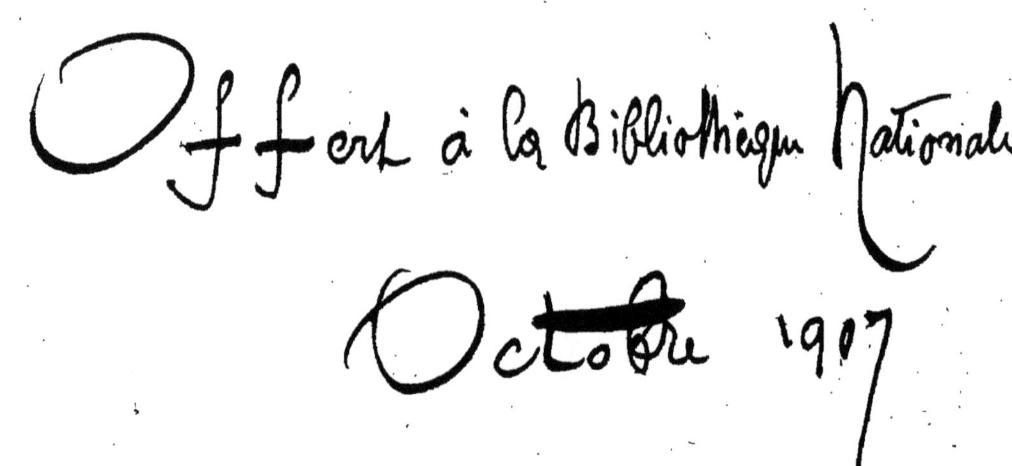

Tirage à cent exemplaires

numérotés et paraphés.

HISTOIRE

DE LA

VILLE D'ORNANS

PAR

PAULIN TESTE

Ornans est sur la rivière de la Loüe, dans un beau vallon où il y a des terres labourables, des prairies et des arbres fruitiers; les côteaux qui l'entourent sont couronnés de rocs vifs, agréablement variés et comme taillés au marteau; les uns forment un vignoble considérable et les autres sont en prés et pâturages; il y a sur ces côteaux des prés, des communs et des forêts que le chêne domine. C'était le chef-lieu d'un Bailliage royal et l'une des quatorze villes de l'ancien Comté de Bourgogne; à la distance de quatre lieues et quart de Besançon (mesure ancienne). C'était aussi le passage de Besançon à la Suisse; sur laquelle route il y avait un établissement de poste aux chevaux, par ordonnance du Roi du 29 mai 1752; l'air y est vif et pur, à cause de la proximité des montagnes.

Les premiers habitants d'Ornans furent placés dans la partie occidentale du vallon, mais depuis la ville s'étant augmentée, il s'y forma une nouvelle colonie à l'autre extrémité. C'est ce qui fit distinguer Ornans en ville haute et en ville basse. La ville haute est à l'Orient; on y voit encore l'ancien *meix* des Perrenot Grandvelle; la ville basse est à l'Occident. Chaque quartier élisait annuellement deux échevins, six jurés et six notables qui s'assemblaient pour gouverner et administrer les affaires municipales. Ce qui a eu lieu jusqu'à l'établissement d'un Corps de Ville sous le titre de magistrats, par lettre patente du Roi Philippe II, du 23 mai 1576.

Le vaste terrain qui sépare les deux quartiers était habité par des gentilhommes, vassaux du château d'Ornans, préposés à la garde. Lesquels gentilshommes y avaient des maisons dont dépendaient des *meix* considérables ; ils y possédaient aussi quelques biens ou fiefs des Comtes de Bourgogne, avec des exemptions aux fours et aux moulins, situés dans la ville et appartenant au souverain.

Le château d'Ornans est sur la pointe d'un rocher fort élevé et escarpé des trois faces. L'avancée au Septentrion n'a presque point de largeur, elle est coupée par un grand fossé taillé dans le roc, au delà duquel fossé il y a un terrain inégal et assez vaste, rempli de vignes, champs, prés et bois, entouré de rochers et de précipices, à la réserve de quelques ouvertures qu'il était facile de garder, de sorte que ce château était bien fortifié, lequel château au sentiment de Gilbert Cousin était comme une petite ville agréable par son aspect.

Il ne serait pas possible de fixer une époque certaine du premier établissement d'Ornans, ni d'assurer que cette ville existait du temps des Séquanais et des Romains ; Ornans est sans preuve à cet égard comme les autres villes de la province, excepté Besançon ; il n'est pas dans une situation a être fortifié, cependant il est bien probable que les Séquanais en avançant dans la province ne laissèrent pas derrière eux un vallon aussi considérable.

Les Bourguignons entrèrent dans la province au commencement du cinquième siècle ; les habitants leur ayant abandonné une partie de leurs possessions, Ornans et ses dépendances passèrent aux Rois de cette nation, du moins on a lieu de le penser, puisque l'un de ces Rois en dispose en faveur de l'abbaye d'Agaune.

Il y a dans les archives de la maison de Châlon un manuscrit sur vélin dans lequel sont rapportés les moyens dont Jean de Châlon, prince d'Orange, se servait pour obtenir de Jean duc et comte de Bourgogne, la remise et restitution des terres et seigneuries formant le partage d'Auxerre et de Chatelbelin, confisqués sur Louis de Châlon et Teste en 1407 et 1413 et adjugées au Duc, par arrêt du Parlement de Dôle, avec les réponses du procureur général du Duc de Bourgogne.

Jean de Châlon soutenait que les terres du partage de Chatelbelin n'avaient pu être confisquées parce qu'elles lui étaient substituées par le testament de Jean fils de Triolan de Châlon, seigneur de Chatelbelin substitution qu'il prétendait ouverte à son profit par la mort sans hoirs de Louis de Châlon comte de Tonnerre, qui avait été tué à la bataille de Verneuil avec Jean Teste.

Le Duc de Bourgogne répondait que cette substitution lui était inconnue, mais qu'en la supposant, il suffisaitque la réunion fut faite à son domaine de plusieurs belles terres qui en provenaient déjà, les seigneurs de Châlon les ayant emportées du chef de Guillaume Coutte de Vienne et de Mâcon, auteur de leur maison par le partage fait entre lui et Rainaud III son frère, Comte de Bourgogne.

Jean de Châlon répliquait qu'il n'y avait pas lieu à une réunion au domaine; que les cadets de la maison de Bourgogne avaient toujours disposé librement des terres de leurs apanages par testament ou autrement, sans aucun empêchement des souverains de la province, que la plus grande partie des terres de la maison de Châlon situées dans les contrées des Varasques et des Féodingues avaient été données par Sigismond, roi de Bourgogne, en 515 à l'abbaye d'Agaune et inféodées par les abbés et religieux d'Agaune à Albéric de Narbonne, Létatde et Humbert ses fils, que ces terres avaient été divisées et sous-divisées et la plupart aliénées, que les châteaux, villes et châtellenie d'Ornans, val de Miege, Arlay, Montroud, Monnet et autres grandes terres avaient passé à Etienne de Bourgogne comte d'Auxonne et à Gérard de Vienne qui épousa l'héritière de la maison de Salins, l'un et l'autre fils de Guillaume Coutte de Vienne et de Mâcon.

Que Gérard avait eu en particulier les villes et château d'Ornans aliénés par des descendants à Hugue, duc de Bourgogne et échangés par le Duc à Jean, comte de Bourgogne et de Châlon, que les Comtes palatins de Bourgogne n'avaient jamais formé d'obstacles à ces aliénations, ni aux inféodations faites de plusieurs de ces terres.

On ne voit pas que cette contestation eut été suivie, mais le manuscrit dont on vient de parler ne justifie pas moins que les villes et châteaux d'Ornans existaient sous le règne des Rois de Bourgogne de la première race, qu'ils appartenaient aux souverains et que le Roi Saint Sigismond en fit don en 1519 à l'abbaye d'Agaune.

On objectera peut-être qu'il n'est pas fait mention d'Ornans dans l'inféodation faite par l'abbé Meinier à Albéric de Narbonne et à ses fils sous le règne du Roi Conrad, mais indépendamment de ce que dans l'acte il y a plusieurs seigneurs dont les noms ne sont pas connus, il n'y est pas non plus fait mention de Pontarlier, du val de Miege, ni d'Arlay et cependant personne ne doute que ces grandes terres n'aient été comprises dans l'inféodation de l'abbé Meinier, ce qui doit faire penser qu'il y a eu d'autres actes de remises et d'inféodation dans lesquels ces terres et celles d'Ornans se trouvent rapportées.

Albéric de Narbonne et le Comte Létatde, son fils, devenus propriétaires de la seigneurie d'Ornans, la transmirent à leurs successeurs Comtes de Bourgogne, qui en jouirent jusqu'au Comte Étienne, quatrième susnommé, enfant mort sans postérité, auxquels succédèrent Rainaud et Guillaume ses oncles.

Rainaud comme l'aîné fut Comte de Bourgogne et Teste fut Comte de Vienne, de Mâcon et d'Auxonne, lequel Teste eu en son partage la seigneurie d'Ornans et d'autres belles terres situées dans les contrées des Varasques et des Féodingues.

Il eut deux fils de son mariage avec Poncette de Trâces : Estienne comte de Bourgogne, tige de la maison de Châlon et Gerares qui emporta les villes et châteaux de Tarceney et les transmis à Gaucher son fils et celui-ci à Marguerite sa fille unique, mariée en premières noces à Guillaume de Sabrans, comte de Folcalquier, et en secondes noces à Josserand Gros, sire de Briançon, renommé dans les Croisades.

Marguerite de Teste jouissait de la seigneurie d'Ornans. Il est prouvé par une chartre datée du 3 juin 1237, qu'elle détacha cette ville et ses dépendances, Bracons, les Salines et autres fiefs, à Hugue quatrième Duc de Bourgogne .qui lui céda en équivalent de belles terres dans le duché pour les unir au patrimoine de Josserand son mari.

Jean Teste, comte de Bourgogne et de Châlon, petit-fils d'Étienne comte de Bourgogne, possédait le Comté d'Auxonne du chef de son père et celui de Châlon du chef de Béatrix de Châlon, sa mère, ces Comtés étaient à la bienséance du Duc de Bourgogne qui engagea le Comte Jean de les lui céder moyennant la relâche qu'il lui fit des villes et châteaux d'Ornans, de Salins, de Bracon et autres fiefs dont Marguerite de Salins Teste s'était départie à son profit, ce fait est justifié par une charte datée de l'octave de la Pentecôte 1237.

Jean, comte en Bourgogne, sire de Salins Teste disposa de la ville et châtellenie d'Ornans en faveur d'Hugue son fils aîné mari d'Alix palatine de Bourgogne et le Comte Hugue étant décédé, il laissa la liberté à la palatine de disposer de ses biens par son testament daté du mois de novembre 1278.

Par acte la palatine institua héritier Othon son fils aîné dans le Comté de Bourgogne avec quelques legs à ses autres enfants, du nombre desquels était Regnaud de Bourgogne qui fut Comte de Montbéliard du chef de Guillaume de Teste auquel elle désigna pour partage Ornans, la châtellenie de ladite ville et autres terres.

Cette disposition ne fut pas exécutée par les enfants de la palatine, Renaud n'eut pas en partage la seigneurie d'Ornans, ce fut Othon quatrième qui dès lors fixa presque toujours sa demeure au château d'Ornans, comme avaient fait ses prédécesseurs Comtes et Comtesses de Bourgogne, ce fait et prouvé par une charte de 1281, par laquelle le Comte Teste fit cession par échange à son cousin Jean de Montbéliard seigneur de Montfaucon, de ce qu'il possédait à Avaudrey, Naisey et Mamirale. Cette chartre porte qu'elle a été faite et donnée à Ornans en notre château le dimanche après « l'évention » de la fête de Saint-Étienne au mois d'août 1281, ce qui est aussi prouvé par différents autres actes même par une requête présentée à l'Empereur Charles V de la part des bourgeois d'Ornans pour être maintenus dans leurs privilèges.

Le Comte Teste et la Comtesse Matraut d'Artois sa compagne, se plaisaient au château d'Ornans, ils comblaient de faveurs et de bienfaits les habitants de cette ville, mais comme il leur était incommode de ne pas avoir un prêtre résident au château, le Comte Teste y fonda une chapelle sous l'invocation de Saint Georges, par une charte du mois de septembre 1289.

Il est porté par cette charte que le Comte établissait cette chapellenie pour un prêtre qui dirait quatre messes par semaine aux jours désignés, moyennant dix livres de terre et nommait pour la désserte Pierre Chaumieux auquel il accordait sa table toutes les fois que lui ou la Comtesse son épouse serait à Ornans.

Et par une autre charte du mardi après la Saint-Laurent 1293, le Comte Teste déclare qu'il assignait les dix livres de terres par lui données pour dotation de cette chapelle, savoir cent sols sur les fours d'Ornans et pour les autres cent sols il voulut bien laisser percevoir annuellement par le chapelin sept bichots de froment, mesure de Scey le Château, sur les moutures de ladite ville, ce qui fait une redevance de plus de cinquante-deux émines, mesure de la province, du poids de soixante livres.

Les habitants d'Ornans nobles et roturiers favorisés de leurs souverains jouissaient tranquillement de leur bonheur, mais ce leur dura peu, ils se trouvèrent plongés dans le plus grand de tous les malheurs.

Le palatin Othon Teste et la Comtesse Matraut sa femme ayant accordé la Princesse Jeanne, leur fille, à l'un des fils de Philippe-le-Bel, roi de France, et lui ayant promis le Comté de Bourgogne en dot, les hauts Barons de la province qui n'avaient pas été consultés sur ce mariage, prétendirent que le Comte Othon Teste n'avait pas le droit de disposer du Comté au préjudice de ses enfants mâles, et refusèrent de faire hommage de leurs terres à Philippe-le-Bel. Ne reconnaissant plus de supérieurs, dans le pays, ils se divisèrent et se firent la guerre.

Le premier effet de cette funeste guerre tomba sur les ville et château d'Ornans, en 1300; ils assiégèrent le château, le prirent et le rasèrent. Ils brûlèrent et pillèrent la ville, en sorte que Ornans fut totalement détruit.

Les chefs de cette guerre étaient Jean de Châlon, sire d'Artoy,

Renaud de Bourgogne, comte de Montbéliard, Jean de Bourgogne, Jean et Gauthier de Montfaucon, Jean sire de Faucogney, Thiébaud sire de Neufchatel, Humbert sire de Clairvaux, Gaucher de Château-Vilaines, Eude, duc de Montferrant, Guillaume duc de Casoudray, Jean d'Oyselay, et Jean de Joux. Ces seigneurs se fondaient sur les secours de l'Empereur qui leur fit savoir de s'accommoder, et ne se trouvant pas en état de résister au Roi de France, ils mirent bas les armes, ce qui fut suivi d'un traité du mercredi après l'octave de la Pentecôte 1301, par lequel ils s'obligèrent de rétablir le château d'Ornans, de dédommager les habitants et de leur restituer les héritages pris par eux ou par leurs gens.

La mort du Comte Othon Teste qui suivit de près le Duc d'Ornans, renouvela la douleur des habitants ; ils perdirent en lui un grand protecteur et un insigne bienfaiteur; cependant ayant reçu quelques dédommagements des hauts Barons ils pensèrent à rétablir leurs maisons, mais peu le firent dans la ville basse, ils prirent des arrangements avec les gentilshommes d'Ornans qui leur vendirent ou abandonnèrent des terrains dépendant de leurs *meix* où ils firent construire des maisons depuis la porte du côté de Besançon jusqu'aux *meix* d'Andelot, ce qui forme à présent la grande rue.

Après la reconstruction du château d'Ornans la Comtesse Mahaud Teste y ayant repris son habitation, fut tellement touchée des malheurs des habitants qu'elle fit fondation d'une aumône assignée sur les salines de Salins, laquelle aumône devait être employée en achat d'étoffes, bas, souliers et chapeaux, pour habiller chaque année les pauvres de la ville, à charge par les échevins d'en distribuer le tiers aux nobles et pauvres honteux et le surplus aux plus nécessiteux, la charte de ce don est datée du 20 décembre 1320.

Cette aumône augmentée par plusieurs gentilshommes et notables bourgeois, a subsisté jusqu'en 1722, à cette époque le Magistrat d'Ornans consentit qu'elle fut remise à l'hôpital royal militaire de la dite ville qui en jouit à présent en conséquence des lettres patentes de l'établissement de cet hôpital.

A peine Ornans commençait-il à se rétablir que cette ville hors d'état d'être fortifiée fut encore pillée et incendiée par les Anglais surnommés les écorcheurs, qui coururent le pays. Le souvenir d'un si grand fléau se perpétue dans la mémoire des habitants.

Les anciens titres de la ville d'Ornans et les chartes des Comtes et Comtesses qui accordaient aux bourgeois de cette ville des privilèges et exemptions ayant disparu dans les incendies dont on vient de parler, les bourgeois recoururent à Marguerite, fille de Philippe-le-Long, roi de France, Comtesse de Bourgogne, pour en obtenir la confirmation ; cette Princesse déclara par une charte du 9 août 1363, qu'elle promettait par serment de tenir et garder les habitants et sujets de « ses ville et château d'Ornans dans toutes les libertés, franchises, privilèges, bons usages et coutumes » auxquels ses devanciers Comtes et Comtesses de Bourgogne les avaient tenus et gardés du temps passé.

Ces privilèges consistaient dans une libre disposition des biens et communes de la ville, dans le droit de gouverner suivant leurs usages, dans l'exemption de toutes impositions et subsides, du logement des gens de guerre et de contribution à cet égard, dans le droit de pêche et de chasse, dans celui d'asile et de refuge pour tous homicides, sujets du Comté et autres, de tous lesquels droits la ville d'Ornans a joui jusqu'à la conquête de la Province.

Philippe-le-Hardi, duc de Bourgogne, devenu comte de Bourgogne par son mariage avec Marguerite de Flandre, commit en 1382, Paulin Teste, sire de Montferrand, Josse de Halublin, Humbert de La Platière et Henri de Douzy, pour visiter ses pays de Bourgogne. Ils se transportèrent à Ornans où ils reçurent le serment de fidélité des habitants dont ils leur expédièrent lettres datées du 20 juin 1382. Elles portent qu'ils ont vu les franchises et libertés de la dite ville données par les prédécesseurs du dit seigneur Duc, Comtes et Comtesses de Bourgogne, auxquels il est contenu que « toutefois dans le Comté de Bourgogne vient nouveau sire au pays, il est tenu de jurer et promettre à tenir les dits privilèges, lesquels en suite de leurs pouvoirs, ils confirment avec promesse de leur en faire délivrer lettre de la part des Ducs et Comtes de Bourgogne. »

Après la mort déplorable du Duc Jean de Bourgogne, Philippe-le-Bon, son fils, devenu comte de Bourgogne, ayant eu besoin de secours, plusieurs bourgeois d'Ornans à l'imitation de leurs ancêtres s'unirent et firent prêt au Duc Philippe de vingt marcs d'argent fin, pour être employés dans les monnaies, duquel prêt « il leur fit expédier lettres » par Jacquot Nurry, son trésorier général, datées du 20 janvier 1421, du nombre de ces bourgeois se trouve Antoine Perenot, ancêtre du Chancelier Perrenot de Grandvelle.

Le Duc Charles-le-Guerrier déclara par ses lettres patentes en date de Malines, du 30 juillet 1473, que la ville d'Ornans étant l'un des principaux sièges du Bailliage de Dôle et considérant que ses prédécesseurs Comtes et Comtesses de Bourgogne avaient toujours eu en singulière et bonne recommandation la ville d'Ornans et « les habitants d'icelle », tant en octroi de franchises et libertés qu'autrement, « il rejoignait » et défendait expressément à tous, chefs et conducteurs de ses troupes, de loger en la dite ville aucun de leurs hommes, chevaux et équipages, ni d'y prendre et exiger aucun vivre et denrée, à peine de désobéissance.

Cette exemption fut confirmée et renouvelée de la part de Philippe-le-Bel, archiduc d'Autriche et comte de Bourgogne, par lettre du 28 octobre 1493, par l'Empereur Charles V, par lettres patentes en date de Gand, du 1er juin 1581, par Philippe II, son fils, roi d'Espagne, en 1584, et par les Archiducs en 1616. Philippe II déclara qu'étant bien informé des services rendus par les habitants d'Ornans à l'Empereur son père, il les prend sous sa protection, etc.

Après la mort du Duc Charles-le-Guerrier, arrivée à la bataille de Nancy, la province ayant été envahie par les armées du Roi Louis II, le château d'Ornans fut attaqué et pris et les habitants mis à contributions. Les nobles et les bourgeois restèrent attachés à la Princesse Marie leur souveraine, ils souffrirent la confiscation de leurs biens, particulièrement Othenin de Chassagne, gentilhomme de l'ancienne maison de Teste, qui fut totalement dépouillé de ses biens, suivant les lettres patentes de la Princesse Marie et de l'Empereur Maximilien son époux, qui rendent un témoignage glorieux du zèle de ce seigneur et des habitants, et qui récompensèrent Othenin de Chassagne par le don de la seigneurie de Colonne et le gouvernement des ville et château d'Ornans.

Les bourgeois d'Ornans furent aussi récompensés par l'Empereur Charles V et par le Roi Philippe II, son fils. L'église de cette ville était ruineuse et n'avait été qu'imparfaitement rétablie après la destruction d'Ornans en 1300, et les courses des Anglais qui suivirent de près. Les deux ponts sur la rivière de la Loüe étaient aussi en mauvais état; l'Empereur Charles leur accorda par ses lettres patentes en date de Barcelone, du 12 avril 1540, la permission de lever pendant dix ans dix charges de sel aux salines et de les vendre hors de la province pour en employer le produit à la reconstruction de leur église et de leurs ponts. L'Empereur dit que les habitants de la ville d'Ornans avaient toujours été favorisés et aidés de très grande ancienneté par ses prédécesseurs Ducs et Comtes de Bourgogne, pour la sincère fidélité « dont ils avaient usée », et qu'à cette considération il leur permettait cette levée de sel.

Le Roi Philippe II leur prorogea ce don pour dix ans par des lettres patentes de 1565, pour autres dix années par lettres de 1584, et pour dix ans encore par autres lettres patentes du 1er octobre 1586, ce qui donna lieu aux bourgeois d'Ornans de faire reconstruire une belle église et deux ponts de pierre sur la rivière de la Loüe.

L'un des privilèges de cette ville dont elle jouissait dès le temps des anciens Comtes de Bourgogne, était de « recevoir en l'asile », liberté et franchise, les habitants de la province ayant commis homicide involontaire. Les quatre échevins d'Ornans dressaient procès-verbal et recevaient en asile, pour un an ou plus, le meurtrier à charge d'obtenir lettres de grâce pendant ce temps. Le nommé Bernard de l'Oray ayant obtenu droit d'asile pour un meurtre involontaire par lui commis, le procureur du Roi du Bailliage d'Ornans obtint permission du département de Dôle de le faire arrêter, mais les bourgeois y formèrent opposition et recoururent à l'Empereur Charles V, qui par « appointement sur requête » en date de Bruxelles, du 4 octobre 1555, ordonna à la Cour de faire observer les anciennes libertés et franchises de la ville d'Ornans, au moyen de quoi ce droit d'asile a été exercé jusqu'à la conquête de la province par le Roi Louis XIV.

L'armée commandée par M. le Prince de Condé, ayant fait le siège de Dôle en 1636, les bourgeois d'Ornans marquèrent en cette occasion leur zèle pour leur souverain et pour la Patrie. Quoique exempts de logement ils ne se lassèrent pas de recevoir l'armée de Bourgogne qui fut assemblée à Ornans, avec M. le Duc de Lorraine et tous les généraux de cette armée, et de leur fournir à tous pendant trois semaines les vivres et fourrages nécessaires. Ce fait est vérifié par des attestations du Prince Charles de Lorraine, du conseiller de Beauchemin et des autres officiers supérieurs.

Après la levée du siège de Dôle, les bourgeois d'Ornans furent visités par Weimar et partie de ses troupes allemandes et suédoise. Il ne put forcer le château qui venait d'être réparé, l'État y ayant employé une somme de 15.000 francs, mais les Suédois brûlèrent et pillèrent la ville haute. Dès lors la peste et la famine se firent sentir à Ornans comme dans le reste de la province, la ville resta presque déserte et inhabitée jusqu'à la conquête de la province par les armes victorieuses de Louis XIV.

M. le Duc de Luxembourg fut chargé du siège du château d'Ornans qui fit une capitulation honorable, les fortifications en furent ensuite démolies et ce château qui était, suivant Gilbert Cousin, comme une petite ville, ne fut plus que la retraite et habitation d'environ quarante familles ; il ne reste des anciens bâtiments et palais des Comtes de Bourgogne, qu'un vaste bassin ayant servi à un jet d'eau placé à quelques toises du bord du rocher du côté du levant avec quelques vestiges des maisons que plusieurs seigneurs y avaient fait bâtir.

Sous le règne suivant le Comté de Bourgogne fut divisé en quatre Comtés ou cantons, dans lesquels s'établirent des Comtes « pour l'administration de la justice », mais ces quatre cantons avaient été réunis sous un seul Comte à la fin du dernier « royaume de Bourgogne ». Ce Comte ayant joint le commandement des armes à l'administration de la justice et des domaines du Prince, et s'étant rendu souverain et indépendant des Empereurs qui avaient succédés au royaume de Bourgogne cessa d'administrer la justice. Il établi dans les terres de son domaine des officiers préposés à cet effet.

Les plus anciens officiers établis dans les terres du domaine furent les Prévots chargés de la conservation des revenus du Comté. Ils rendaient la justice non seulement dans les seigneuries du domaine où ils furent préposés, mais encore dans les terres de leurs districts; ils établirent encore des commandants dans les châteaux sous le titre de châtelains.

Il y eut donc un Prévot à Ornans, l'une des plus grandes terres du domaine dont dépendaient les villages de Saules, l'Hôpital, la Verrière, Athose, Evilers, Sept-Fontaines, Chantrans, Silley, Bolandoz, Déservillers et Amancey, formant encore la châtellenie d'Ornans.

Le Prévot d'Ornans était le premier et le plus considérable de la province, il tenait avec les échevins de la ville le neuvième rang aux États, rang qui a été souvent disputé mais dans lequel la ville d'Ornans a toujours été maintenue.

Ce Prévot représentait le Comte de Bourgogne. Il jouissait du privilège exclusif « que si les particuliers habitants de Besançon s'avouaient hommes du Comté de Bourgogne, ils ne pourraient être retenus en la dite ville », mais renvoyés au château d'Ornans pour y être jugés par le Prévot. Il avait encore le droit de « répéter » les sujets du pays détenus à Besançon ou traduits en la dite ville, pour délits, causes civiles ou autres.

Golut, dans ses mémoires de l'an 1400, dit que le Duc de Bourgogne requit les citoyens de Besançon «de lui payer les pensions» qu'ils lui devaient comme gardien de leur ville, mais que le gentilhomme qui leur fit cette demande, ayant parlé hautement, ils le firent « arrêter prisonnier, dont Garnier, prévot d'Ornans avait de la part du Duc de le répéter ». Il se rendit à Besançon où il ne put obtenir la liberté du prisonnier et ce refus eut des suites facheuses, car, ajoute Golut, les Prévots d'Ornans représentant le Comte de Bourgogne « ont cette autorisation de répéter pour quelques délits, causes civiles ou autres que se fussent les sujets du Prince pour juger le fait », sans que les juges étant dans la cité, pour qui que ce fut, en puissent prendre connaissance, voire que les citoyens étaient renvoyés quand ils s'avouaient de la prévoté d'Ornans et demandaient le jugement du Prévot.

L'un des privilèges de la ville d'Ornans était donc de recevoir en asile les habitants de la province qui avaient commis des homicides. Ces meurtriers, comme on l'a déjà observé, se représentaient devant le Prévot et les échevins d'Ornans qui dressaient procès-verbal de l'homicide et ensuite les recevaient en asile. On a une infinité de procès-verbaux de l'espèce concernant les habitants de toutes les villes de la province.

Le titre de Prévot d'Ornans a subsisté jusqu'après l'érection du Baillage royal en la dite ville. Les Ducs de Bourgogne en remirent le titre au Bailliage et le Roi Louis XV y a encore réunit la châtellenie.

L'on sait qu'il n'y avait anciennement dans la province que trois Bailliages sous les dénominations d'amont, d'aval et de Dôle, celui d'Ornans est un démembrement de celui de Dôle, qui a été considérable jusqu'en 1654. Il en fut distrait trente-quatre villages pour former le Bailliage de Besançon, en suite de l'échange de cette ville « qui était Impériale avec franche date ».

On a cru que le Bailliage d'Ornans n'avait été érigé que pendant que le Chancelier Perrenot de Grandvelle et le Cardinal de Grandvelle, son fils, étaient en faveur; c'est une erreur : ce Bailliage est un des plus anciens de la province, on ne peut pas fixer l'époque de son établissement, mais on a des procès-verbaux de publications de testaments, des exécutions de décrets et des sentences de ce Tribunal du commencement du quinzième siècle.

Le Duc Charles-le-Guerrier par lettres patentes en date de Malines, du 30 juillet 1470, dit que cette ville est l'un des principaux sièges de son Bailliage de Dôle et lui accorde exemption de logement de gens de guerre.

Gilbert Cousin dit dans sa description de la haute Bourgogne imprimée en 1552, que la ville d'Ornans située entre de très hautes montagnes, est une ville noble par l'extraction illustre de Nicolas Perrenot de Grandvelle, conseiller d'État, garde des sceaux de l'Empereur Charles V.

De tels témoignages ne laissent pas de doute que Nicolas Perrenot et « ses auteurs » étaient originaires d'Ornans, les lettres patentes de 1531 qui sont de son fait doivent seules en convaincre; et il n'est pas probable que s'il avait tiré son origine de Besançon ou d'Arbois, il eût fait insérer dans ses lettres qu'il était natif d'Ornans.

On voit que les auteurs du chancelier Perrenot ayant été qualifiés nobles à l'exception de Pierre Perrenot son père, c'étaient de riches bourgeois d'Ornans qui s'alliaient à la noblesse; l'ancien *meix* des Perrenot subsiste toujours dans le quartier de la ville haute, quoique défiguré par les divisions faites entre quinze familles on ne laisse pas que d'en admirer encore la vaste étendue et des restes de voûtes et souterrains; ils avaient fait bâtir au devant de ce *meix* une chapelle sous l'invocation de Saint Christophe où ils faisaient célébrer

la messe et où ils « auraient fait des fondations, qui furent acquit-
tées aux familiers d'Ornans ».

Antoine et Guillaume Perrenot furent du nombre des bourgeois
d'Ornans qui firent prêt au Duc des dix marcs d'argent pour employer
dans ses monnaies.

Jean Perrenot que l'on croit fils d'Antoine, épousa Guillaume de -
Grospain, fille d'Etevenin de Grospain, d'Ornans, écuyer.

Jean Perrenot, leur fils, fut marié à Jeanne Bidat d'une famille
noble, laquelle Bidat eut pour mari en secondes noces, Guillaume
Brenot, sieur de Provenchère.

Pierre Perrenot fils de Jean Perrenot et de Jeanne Bidat-Teste, fut
châtelain d'Ornans, ensuite lieutenant des saulneries, seigneur de Cromary et qualifié noble dans des actes du commencement du seizième
siècle, il épousa Étiennette Philibert, d'une ancienne famille
noble d'Ornans. Ils sont inhumés dans le « charnier du chœur de l'église »
paroissiale de la dite ville, sur lequel on a élevé un mausolée, leurs
armes sont aux deux côtés et au devant l'inscription suivante :

« Cy gissent Perrenot, chevalier, seigneur de Cromary, châtelain
d'Ornans et lieutenant des Salines, qui décéda le vingt-deux mars 1537,
et Madame Estiennette Philibert, sa femme, qui trépassa le dix-sept
mars 1540. Priez pour leurs âmes. »

Pierre Perrenot et Étiennette Philibert eurent trois fils : Nicolas
Perrenot, Claude Perrenot, prêtre, mort jeune, et Adrien Perrenot qui
fut curé de Montmartin, l'un des bénéfices considérables de la province.

Nicolas Perrenot né avec de grands talents et tous les avantages
de la nature, fut gradué en l'Université de Dôle, avocat plaidant au
Bailliage d'Ornans; les registres du greffe justifient qu'à son âge il
était chargé de toutes les affaires importantes, dès lors avocat du
Roi au même siège, nommé conseiller au Parlement de Dôle en 1518;
maître des requêtes de l'Empereur en l'année suivante et ensuite son
chancelier et honoré de plusieurs ambassades.

Nicolas Perrenot fit élever au milieu de la ville d'Ornans un hôtel
superbe et de bon goût sur le *meix* noble de Vautier de l'Ougeville
qu'il avait acquis, il s'y fit dresser une chapelle ornée de riches tableaux
dont un Christ qui mérite d'être vu. Il fut offert à la chapelle de la
Confrérie de la Croix de cette ville.

Le Chancelier Perrenot fit aussi « établir sa garenne du vaste enclos
qu'il possédait au joignant de la ville, dans lequel il fit construire un
superbe bâtiment orné des tableaux » des meilleurs peintres d'Italie et
de Flandre.

Il eut de son mariage avec Nicôle Bonvalot cinq garçons et dix

filles, l'aîné fut Antoine Perrenot né avec toutes les dispositions natu-
relles aux sciences « qu'il cultiva avec soin », il fut chanoine archidiacre
et grand chantre de l'église métropolitaine de Besançon, évêque d'Arras
en 1538, archevêque de Malines en 1559, cardinal du titre de saint
Brathelmie en 1561 et postulé à l'archevêché de Besançon en 1584.

Il fut aussi Conseiller d'État en Flandre et en « l'Empire pour l'Empereur Charles V », Ministre absolu sous Philippe II son fils, qui se
reposait sur lui de ses plus importantes affaires et qui le donna pour
Ministre à Marguerite de Parure à qui il laissa le gouvernement des
Pays-Bas ; il fut ensuite appelé en Espagne et au Conseil privé du Roi,
Vice-Roi de Naples, rappelé par le Roi qui le fit chef du Conseil
d'Italie, avec une pleine autorité dans les royaumes d'Espagne, pendant qu'il alla prendre possession de celui du Portugal ; enfin ce grand
cardinal mourut à Madrid, à l'âge de 70 ans, le 21 septembre 1586,
« dans le temps qu'il disposait toutes choses pour la fondation d'un chapitre à Ornans ». Cette ville conserve à jamais le souvenir de ses
bonnes volontés et des grands bienfaits qu'elle a reçu de lui et du
Chancelier son père.

Il y a à Ornans une église paroissiale, sous l'invocation de
saint Laurent, l'une des plus anciennes de la province. Cette église
fut détruite pendant les guerres du seizième siècle et rebâtie par les
habitants qui ayant eu recours à la protection du Chancelier Perrenot
et du Cardinal de Grandvelle, obtinrent en 1540 de l'Empereur et en
1564 du Roi Philippe II, les dix charges de sel par semaine dont il a
été question, pour en employer le produit à une partie des frais de
reconstruction.

Le Cardinal de Grandvelle contribua ensuite à la décoration de
cette église, de « même qu'à la refonte et augmentation de la grosse
cloche » sur laquelle il y a l'inscription de ce bienfait. Il fit don
d'ornements en drap d'or qu'on y a toujours conservés. L'église a été
encore décorée de deux reliques bien authentiques : l'une est un os de
l'épaule et une mâchoire de saint Laurent, que le Cardinal d'Arragon
avait tirés de l'église de Saint-Laurent à Rome, dont il était titulaire.
L'autre est un morceau de chair et d'os de saint Nicolas, tiré de
l'église de Bary, par ordre du Pape Clément VII et envoyé au Cardinal de Grandvelle pour l'église d'Ornans, à laquelle il a aussi fait présent de sa « croix pectorale ».

Peu de temps avant sa mort il fonda en la même église une chapelle sous l'invocation de saint Antoine et de saint Nicolas, avec droit
d'entrée de chœur du consentement des habitants. Le tableau de cette
chapelle peint en bois par Le Brousin, mérite d'être vu ; il représente
une descente de croix et toute la famille du Chancelier, lui sous la

figure de « Joseph Daritmâthie ». Nicôle Bonvalot sous celle de la Vierge, le Cardinal dans sa jeunesse sous celle de saint Jean l'Évangéliste et ses frères et sœurs sous d'autres figures. Il est peint, dans l'un des volets du rétable, en habit de cardinal et son père, à l'autre volet, sous la représentation de saint Antoine.

Il y a treize chapelles dans cette église qui donnent entrée de chœur, en y comprenant celle du Cardinal de Grandvelle ; il y aussi « une familiarité ». Les chapelains sont anciens, puisqu'en 1250, Jean Teste d'Ornans, chanoine de Besançon, fit par son testament un legs de cinq sols au curé d'Ornans et un legs de quinze sols aux chapelains pour la rétribution de son anniversaire.

Les familiers sont les enfants de la ville. Pour être reçu à la familiarité, il faut être fils d'habitants nés et baptisés à Ornans et avoir les autres qualités requises par les statuts. Les habitants ont fondé cette familiarité avant le quatorzième siècle, dont il y a preuve dans plusieurs actes.

Les chapelains et les familiers ne forment qu'un corps, en suite d'une ancienne réunion, la plupart de ceux qui sont pourvus de chapelles ne demeurent pas à Ornans parce qu'on n'exige pas résidence, de manière que ce sont les familiers qui désertent l'église paroissiale avec le curé et le petit nombre de chapelains résidents.

Le service de ces ecclésiastiques qui sont actuellement sous le seul titre « de familiers » parce que, comme on vient de le dire, ils ne forment qu'un seul corps ou collège avec les chapelains, était absolument nécessaire, à raison qu'il n'y a ni chapitre, ni collégiale à Ornans.

Cette ville étant aussi considérable que quelques autres de la province, où plusieurs communautés de religieux et religieuses ont été réunies, on s'est fixé à y admettre un couvent de Minimes pour aider les frères et les familiers dans une partie de leurs fonctions et une communauté d'Ursulines non cloîtrées.

Le couvent de Minimes fut construit en 1606 sur « le *meix* d'Audelot et de Clerons, par les soins et aux frais de Louise de Grospain ». C'est la première maison de Saint-François de Paul établie dans la province.

En 1639, Clere de Saint-Maurice ayant fait un legs considérable en faveur des Ursulines de Besançon, sous la condition qu'elles auraient une maison à Ornans, elles y furent reçues par délibération du Magistrat, du 3 mars 1643 ; réception autorisée par arrêt du Parlement de Dôle du 7 septembre 1644 et approuvée de « l'ordinaire par décret du 7 janvier 1655, leur institut a pour fin principale l'éducation chrétienne et civile des jeunes filles, l'éducation des femmes et le soulage-

ment des pauvres malades », institut approuvé par un bref du
10 mai 1648 ».

Il y avait encore à Ornans un hôpital royal militaire « sous le titre de
Saint-Louis, hôpital naissant », les lettres patentes de son établissement
n'étant que du mois de septembre 1719, le soin des malades fut confié
à des religieuses, et l'administration du temporel à une Direction dont
le lieutenant général du Bailliage était président, suivant la déclaration
du Roi du 21 décembre 1698, portant règlement pour les hôpitaux.

Il y avait aussi en ville une confrérie de la Croix, une des plus
anciennes de la province, érigée en 1590, par arrêts du Parlement de
Dôle, une chapelle d'une étendue considérable que les artisans firent
construire pour leur congrégation et d'autres chapelles, les unes dans
la ville et les autres sur le territoire du « patronage laïque ».

PAULIN TESTE.

www.ingramcontent.com/pod-product-compliance
Ingram Content Group UK Ltd.
Pitfield, Milton Keynes, MK11 3LW, UK
UKHW020122100726
13658UKWH00005B/2312